남명 선생
사적지 여행

남명 선생 사적지 여행

© 김경수, 2023

2판 1쇄 인쇄__2023년 12월 20일
2판 1쇄 발행__2023년 12월 30일

지은이__김경수
펴낸이__홍정표

펴낸곳__글로벌콘텐츠
　　　　등록__제25100-2008-000024호

공급처__(주)글로벌콘텐츠출판그룹
　　　　대표__홍정표 이사__김미미 편집__임세원 강민욱 백승민 권군오 기획·마케팅__이종훈 홍민지
　　　　주소__서울특별시 강동구 풍성로 87-6 전화__02-488-3280 팩스__02-488-3281
　　　　홈페이지__www.gcbook.co.kr 메일__edit@gcbook.co.kr

값 12,000원
ISBN 979-11-5852-405-0 03910

남명 선생
사적지 여행

한국선비문화연구원

김경수 지음

남명 선생南冥先生 표준영정標準影幀

조원섭 화백이 그린 것으로 남명 선생의 진영은 아니다.

덕천서원

1956년 당시 덕천서원의 모습을 뒤쪽에서 촬영한 것이다.(박문종)

경남지역 남명 선생 사적지 분포도

한국선비문화연구원장

최구식

앞으로 가기에도 바쁜데 과거로의 여행이라니!

"방향이 잘못되면 속도는 의미가 없다." 마하트마 간디가 남긴 유명한 말이다.

지금 우리는 무엇을 위해 어떤 방향으로 달려가고 있는가? 행복한 삶을 목적지로 설정하고 달려간다고 생각하지만 사실은 그 반대 방향으로 가고 있을 수도 있다.

"여러분, 모두 오늘 행복하신가요?"

요즘 가장 흔히 하는 말 중에서 '힐링'이라는 표현이 있다. 우리말로는 '치유'라고 하는데, 완전히 일치하는 개념인지 정확히 모르겠다. 사전적으로는 '몸과 마음이 건강하도록 회복하는 상태'라고 정의하고 있다.

왜 현대사회에서 이 개념이 많이 사용되고 있을까? 인류 역사에서 그 어느 시대보다도 물질적인 풍요를 누리고 있으며, 시간과 공간의 제약을 최소화 하고서 정보도 공유하고 있지 않은가!

그러나 그 방향이 어딘가 잘못되었기에 우리는 스스로가 버린 쓰레기로부터 역습을 당하고 있으며, 환경의 변화로 인한 각종 바이러스성 질병에 목숨이 위태로운 상태에 놓이게 되었지 않은가.

우리의 몸과 마음은 현대문명으로부터 일정 부분 벗어나기를 원하고 있는 것이 아닌가?

'힐링'을 하는데 여행만한 것도 별로 없다. 역사는 귀감이다. 반성을 통하여 배우는 거울이다. 과거에서 배워야 할 미래가 있는 것이다.

스스로의 삶에 만족할 줄 알며 한 시대의 큰 스승으로 살아간 인물 중한 사람이 바로 남명 조식 선생이다. 큰 스승이란 시대를 뛰어넘어 인류에게 귀감이 되는 인물이다. 그를 통하여 배우고 느낄 것이 많다는 말이다.

다행이 남명 선생은 우리 경남에서 태어나고 생활하면서 동쪽으로는 김해로부터 서쪽으로는 하동에 이르기까지 많은 자취를 남겼다. 그 자취를 따라가면 선생이 남긴 문학 역사 예술 윤리 등의 가르침을 만날 수 있다.

우리 한국선비문화연구원의 책임연구원으로 있는 김경수 박사는 남명의 사적지에 대해 해박한 지식을 가지고 있다. 이번에 남명과 관련한 세 곳의 생활터전을 중심으로 이 책을 엮었다. 직접 남명의 사적지를 여행할 때도 좋은 안내서가 될 것이지만, 집에서 사진으로 감상하며 눈으로 가슴으로 여행할 수 있도록 꾸몄다. 그 노고에 감사를 표한다.

우리 한국선비문화연구원은 경상남도와 함께 '힐링여행'의 중심인 '인문학 여행길'의 개발에 힘을 보태고자 한다. 경남에서는 '남명과 더불어하는 여행'이 중요한 코스가 될 수 있으리라 기대된다.

이제 출발이다. 첫 걸음이지만 위대한 도약의 시작이 되었으면 하는 바람이다.

2020년 봄

여행의 새로운 패러다임을 기대하며

많은 사람들이 여행을 꿈꾼다. 여행은 사람을 설레게 하기 때문이다. 여행은 종류도 많다. 해외 여해, 국내 여행, 맛집 여행, 관광 여행, 기차 여행, 자전거여행, 역사탐방 여행, 산악 여행, 둘레길 여행, 온천 여행, 체험 여행, 힐링 여행 등등 그 목적과 수단 그리고 방법에 따라 온갖 종류의 이름을 붙일 수 있다.

그러나 대부분의 여행은 준비할 때의 기대와는 달리 돌아올 때는 충분히 만족스럽거나 행복하지 못한 경우도 많다. 여행은 인생살이와 같이 언재 어디서 무슨 변수를 만날지 모르기 때문이다. 천재지변과 같은 큰 일이야 그렇다고 하더라도 사소한 비나 눈이나 안개조차도 여행의 즐거움을 망치고, 현지의 교통사정으로 불편함을 겪는 일도 허다하다. 그래서 여행인 것이다. 인생이나 여행이 마음대로 다 된다면 무슨 살맛이 나겠으며, 무슨 즐거움이 있겠는가? 인생이나 여행이나 고통의 바다이기에 헤쳐 나가는 성취감을 느낄 수 있는 것이다.

국민소득이 1만 달러가 넘게 되면 먹는 문제가 해결되고, 2만 달러가 넘게 되면 여가 시간을 즐길 수 있게 되며, 3만 달러가 넘으면 여유를 통한 힐링을 추구하게 된다고 한다. 우리나라는 선진국의 기준인 3만 달러 시대에 접어들었다. 먹고 즐기고 힐링까지 추구하는 시대에 살고 있는 것이다.

참된 힐링은 어디서 찾을 수 있는 것인가? 치유라는 개념은 육체적 고통에 대한 치료와는 다르다. 몸과 마음이 함께 편안하고 즐거움을 느끼도록 스스로를 이끌어 가는 것이다. 치유를 위해서 좋은 방법 중의 하나가 바로 여행이다. 스트레스를 받는 여행이 아니라 스스로를 자유롭게 하는 여행이어야 한다. 먹고, 마시고, 놀고, 쉬고, 잠자고, 느끼고, 체험하며, 자신도 모르게 무엇인가를 배우며 시간의 흐름을 잊는 여행이 힐링 여행이다.

우리 경남에는 남명 조식 선생이라는 훌륭한 역사 인물이 배출되었다. 남명 선생은 고향은 합천이고, 처가는 김해이며, 만년에 살았던 곳은 지리산 천왕봉 자락의 산청이다. 경남의 동부에서 서부를 관통하는 코스이다. 그리고 그 코스 주변 곳곳에는 남명과 연관된 사적지들이 널려 있다. 남명이라는 인물을 중심개념으로 잡고서도 1주일 이상의 즐거운 여행을 할 수 있는 소재가 충분하다.

이 책에서는 남명 선생이 거주했던 사적지만을 다루었지만 앞으로는 이 장소들을 중심으로 주변의 사적까지도 연결 동선으로 포함하는 안내

서를 만들 것이다. 아직은 많이 부족한 실정이지만 앞으로 우리나라에서도 이러한 사적지들을 서로 연결하면서 먹고 마시고 즐기고 느끼며 체험하면서 공부하는 종합 힐링여행 셋트가 점차적으로 자리 잡을 것으로 기대된다.

한국선비문화연구원은 우리의 역사와 문화를 연구하고 창달하는 일에 앞장서고자 하는 목적으로 설립되었다. 아직은 개원 초기이지만 최구식 원장님과 박태갑 사무처장님 그리고 모든 직원들이 한마음으로 뭉쳐 최선의 노력을 기우려 새로운 지평을 만들기 위해 애쓰고 있다.

모든 분들에게 감사드린다.

경자년 봄의 길목에서 김경수 쓰다.

목차

지리산천왕봉

구곡산

중산리계곡

덕천서원

대원사계곡

덕천강

한국선비문화연구원

남명선생묘소

산천재

남명기념관

여재실

덕산전경

덕산편

➊

산천재

산천재 전경 사적 305호

산천재는 1561년 남명 선생이 회갑을 맞이하여 덕산에 터를 잡으면서 건립하여 생애의 마지막까지 12년간 제자를 양성한 곳이다. 임진왜란으로 소실되어 오래 동안 복원되지 못하다가 1818년 지역의 유림들이 힘을 모아 중건하였다. 그 이름은 『주역』의 「산천대축괘」에서 취하였다. 『주역』에서 말하는 산천재의 뜻은 두 가지로 볼 수 있다. 형상으로 보면 '하늘을 산 속에 가둔 것'으로 크게 비축한다는 것으로, 교육을 통하여 후학을 양성하여 국가와 사회를 위해서 일할 수 있는 인재를 양성하겠다는 의지를 담은 것이다. 뜻으로 보면 '강건하고 독실하게 빛나게 해서 날마다 자신의 덕을 새롭게 하는 것'으로, 스스로 날마다 공부하여 자신의 덕을 더욱 새롭게 하려는 각오를 담고 있다.

　산천재는 원래부터 서쪽편의 건물인 서재가 없었으며, 산천재 서쪽의 상수리나무 아래에 작은 정자를 지어서 천왕봉을 완상하는 장소로 삼았다. 그 정자에 걸어둔 시가 「제덕산계정」이다. 1970년대 이전까지는 덕천강의 지류가 산천재 바로 앞으로 휘어져서 흘러 경치가 빼어났다. 덕천서원이 훼철되고 난 뒤에는 이곳에서 선생께서 직접 그려서 평소에 존모의 뜻을 붙였던 '사성현 유상 병풍'을 중앙에 모시고, 동편에 남명 선생의 위패를 모시고서 매년 음력 4월 10일에 채례를 드렸다.

　1927년 숭덕사가 중건되어 덕천서원에서 다시 채례를 모시게 될 때까지 남명 선생의 채례는 이곳 산천재에서 이어지면서 그 중요한 역할을 하였던 것이다. 이러한 사실은 산천재에 남아있는 자료들에서 확인할 수 있는데, 산천재에는 재장齋長과 강장講長을 따로 두어서 그 역할을 분리했다. 그렇게 구성된 유림의 모임은 지금까지도 이어져서 매년 음력 4월 10일에 산천재 유계가 행해지고 있다.

산천재에 남아 있는 자료로는 당시 석채례를 행할 때의 축문식과 홀기도 있다. 산천재의 재임 명단과 경임안도 남아 있으며, 중건 당시 관청으로부터 그 보존과 운영을 위하여 필요한 지원을 받은 완문도 있다. 또한 남명 선생이 덕산에 자리 잡을 당시의 뜻을 담은 시 두 수도 걸려있다. 그리고 근래에 산천재로 들어가는 입구 왼편에 '선조사제문비'를 세웠다. 선생이 산천재에서 돌아가시자 선조가 제문을 내려서 치제致祭한 뜻을 살리고자 한 것이다.

산천재와 남명매

겨울의 천왕봉

산천재에서 바라보는 천왕봉

산천재 현판
전서篆書 현판의 글씨는 판서判書 조윤형曺允亨이,
해서楷書 현판의 글씨는 참판參判 이익회李翊會가 썼다.

장판각藏板閣 경상남도 유형문화재 제164호(문집목판)
『남명집』 목판을 보관하던 곳인데, 목판은 현재 남명기념관 수장고에 있다.

산천재 벽화

산천재의 마루 위 안쪽 현판이 걸린 벽면에 그려진 그림이다.

정면에는 '상산사호도 商山四皓圖'가, 왼쪽에는 '이윤경신도伊尹耕莘圖', 오른쪽에는 '허유소보도許由巢父圖'를 그려서 처사의 은일정신을 엿볼 수 있게 하였다.

그림이 매우 퇴락한 것을 근래에 새로 단청을 하면서 원형을 살려서 다시 그렸다.

원본은 남명기념관 수장고에 보관되어 있다.

상산사호도

허유소보도

이윤경신도

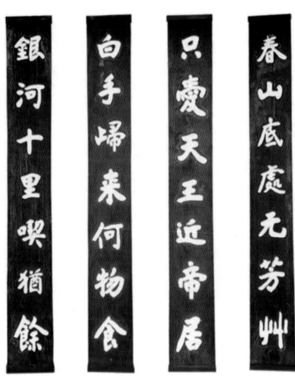

「덕산복거」시 주련
원래 이 주련의 글씨는 판서 조윤형이 썼으나,
현재의 것은 11세손 조병철이 쓴 것이다.

봄 산 어디엔들 향기로운 풀 없으랴만.　　　　　　春山底處无芳草

다만 천왕봉이 상제와 가까움을 좋아해 자리 잡았네.　只愛天王近帝居

빈손으로 왔으니 무얼 먹고 살거나,　　　　　　　　白手歸來何物食

맑은 물 십 리이니 마시고도 남으리.　　　　　　　　銀河十里喫猶餘

「덕산계정」 시 현판
글씨는 선생의 11세손 모헌慕軒 조병철曺秉哲이 썼다.

청컨대 천 석의 종을 보라,　　　　請看千石鐘

크게 치지 않으면 소리가 없다.　　非大扣無聲

어찌하여 저 두류산은,　　　　　　爭似頭流山

하늘이 울어도 울지 않는가!　　　天鳴猶不鳴

선조사제문 국역비

남명 선생 영전에 내린 선조대왕의 제문

국왕이 예조좌랑 김찬金瓚을 보내어 고故 종친부 전첨 조식曹植의 영령에게 유제諭祭하노니, 생각건대 영령은, 하악河嶽의 정기 받고 우주宇宙의 정채 모아, 자품資稟이 빼어나고 기질이 순명純明했다. 난초 밭에 싹이 나듯 시례詩禮 가정 태어나, 문예文藝를 익힘에 출중하고 예리했다. 일찍부터 대의大義 보고 널리 오지奧旨 찾더니, 굳세게도 공자孔子 안자顔子 기약하여 나아갔다. 하늘이 사문斯文 버려 선비 갈 길 잃었으니, 참모습 버리고 시세에 아첨컨만, 뜻 더욱 굳게 하여 공公의 지조 변함

없고, 문장 익힘 여사餘事라 도道를 향해 매진했다. 나아갈 바 이에 있어 명성 싫어하더니, 보배를 품고서 연하烟霞에 깃들었다. 밤낮으로 경전 보며 더욱 공부 일삼더니, 우뚝하기 산과 같고 깊기로는 연못이라. 맑은 기상 서리 같고 고운 덕성 난향 같아, 빙호氷壺에 추월秋月이요 경성景星에 서운瑞雲이라. 어찌 세상 잊었으랴 근심 깊은 친신親臣이니, 아! 이 마음 요순堯舜 군민君民 바램이라. 선대왕先大王 초년에 도적신하 권세 잡아, 백이伯夷 탐욕 도척盜跖 청렴, 사邪로 정正을 공격했다. 일월성신 흐려지고 인기人紀 장차 무너질 듯, 탄식하며 생각하니 뉘 탓하고 허물할까! 하늘이 성심聖心 도와 힘써 현인賢人 불렀으니, 구중九重에서 조칙 내려 옥백玉帛 선물 펄럭였다. 공이 이에 분발하여 나라 위해 헌신하니, 곧은 말 바람일 듯 사의辭意가 엄정했다. 명봉鳴鳳이라 뉘 말했나 뭇 죄악 발설하니, 간흉들 벌벌 떨고 백관들 땀 흘렸다. 위엄은 종사宗社 압도 충절은 조정朝廷 넘쳐, 위태롭다 하였지만 공은 전혀 두려움 없어! 이에 말년 미쳐서는 성념聖念 깊이 슬퍼하여, 간사한 이 물리치고 어진 이 구하였다. 으뜸으로 공을 불러 역마 달림 빈번했고, 백의白衣 입고 등대登對하여 선언善言 모아 아뢰니, 응답함이 반향 같아 수어水魚 교분 즐겼었다. 공은 고산故山 생각하여 이내 빨리 돌아가니, 백구白駒 매기 어려우나 흥언興言 이에 남았었다.

내 왕위 계승하여 공의 명성 흠모타가, 이에 선지先志 이어 받아 누차 부름 내렸으나, 공이 끝내 막막하여 내 미충微衷 부끄럽다. 충정 쏟아 글 올리니 곧은 말에 식견 높아, 조석으로 마주하며 어전 병풍 대신했다. 행여 공이 찾아오면 나의 고굉股肱 삼으렸더니, 뜻밖에도 병이 들어 소미성

少微星 변고 알려! 물 건널 제 뉘를 믿고 고산高山 어디 우러를까, 소자小子 뉘를 의지하고 백성 뉘를 바라보랴, 생각 이에 미치니 내 마음 처량하다. 옛 은자隱者 생각건대 대대로 광채 나니, 허유許由 무광務光 이름 날려 당우唐虞 시대 창성했고, 노중련魯仲連 진秦에 항거 엄광嚴光 한실漢室 부지하니, 비록 일절一節 이라지만 외려 소란 불식했다. 하물며 미덕美德 지녀 금옥金玉 같이 곧음에랴, 외진 시골 은거해도 세인들 추중했다. 당대에 광채 나고 백세에 공 있으니, 추증 비록 더하여도 어찌 예의 다할까! 예전 어진 임금들도 함께 못함 한恨했나니, 내 이 말 음미컨대 무척이나 부끄럽다. 음용音容 길이 막히어 회한悔恨 어찌 헤아릴까, 저 남방 돌아보니 산 높고 물 깊구나. 하늘이 아니 남겨 대로大老 이어 돌아가니, 나라 이에 공허하여 전형典刑 삼을 곳이 없다. 사자使者 보내 제사하는 내 마음 아프노니, 정령精靈 만약 불매不昧커든 나의 술잔 흠향하라.(심의겸沈義謙 행함)

[선조 5년 2월 8일] 선조실록 6권 21집 239면

❷

묘소

　위쪽이 남명 선생의 묘소이고, 아래쪽은 숙부인 은진 송씨의 묘소이
다. 정경부인 남평 조씨의 무덤은 김해의 산해정 앞산에 있다. 묘소의 방
향은 임좌원壬坐原이다.

선생의 묘소에 서 있는 묘갈명은 대곡大谷 성운成運 선생이 지었는데, 남명선생을 가장 잘 묘사한 글로 알려져 있다. 처음 세운 비석은 남명의 제자인 탁계濯溪 전치원全致遠이 글씨를 썼으나 비석의 재질이 좋지 않아 마모되어, 응와凝窩 이원조李源祚의 글씨로 다시 세웠다. 이 또한 재질이 좋지 않아 심재深齋 조긍섭曺兢燮의 글씨로 세 번째의 비석을 세웠으나 6.25 전쟁 때 비석에 총에 맞은 흔적이 생겨, 네 번째의 비석을 새로 세웠는데 글씨는 권창현權昌鉉이 썼다. 근래에 그 옆에 다시 내용을 번역한 국역비를 세웠다.

남명의 묘소 아래 숙부인의 묘소 오른쪽 위편에 그동안 세웠던 비들을 모아서 세워두었는데, 첫 번째로 세웠던 비석은 없어졌다. 셋 중 가장 작은 것은 예전에 세웠던 숙부인의 묘갈명이다.

묘소 뒤에서 본 전경

예전의 묘갈비

현재의 묘갈비

남명 선생 묘갈명(요약)

　조씨曹氏는 예부터 저명한 성으로 대마다 칭송되는 인물이 났다.(중략) 공은 그 둘째 아들이니 식植이 이름이고 건중楗仲이 그 자이다. 공은 태어나면서 자품이 총명하고 용모가 빼어났으며 아이 때부터 정중함이 어른과 같아 또래들을 따라 장난치지 않았고 놀이 물건도 또한 손에 가까이 하지 않았다. 판교공이 사랑하여 말을 할 때부터 무릎 위에 앉혀 놓고 시서詩書를 가르쳤는데 응대하여 문득 외우면서 잊지 않았다.(중략) 점점 자람에 온갖 서적을 널리 통달하지 않음이 없었고 더욱 좌구명左丘明 류종원柳宗元의 문장을 좋아하였다. 이런 까닭으로 문장이 기고奇高하면서도 기력氣力이 있으며 경물을 읊고 사실을 기록함에 처음부터 생각을 기울이지 않은 듯하지만 말이 엄하고 뜻이 세밀하여 엄연히 법도가 있었다.(중략) 공이 어느 날 글을 읽다가 노재魯齋 허형許衡의 말 중에 "이윤伊尹의 뜻을 뜻으로 삼고 안자顔子의 학문을 학문으로 삼으라"는 글귀를 보고는 척연히 깨달아 발분하고 면려하더니(중략) 공은 학문에는 경敬을 지니는 것보다 요긴한 것이 없다고 생각했기 때문에 주일主一 공부에 전념하여 밝게 깨어 혼매하지 않았으며 몸과 마음을 거두어 지켰다.(중략) 공은 지혜가 밝고 식견이 높아 진퇴의 기미를 잘 살폈다. 일찍이 스스로 보건대 세도世道가 쇠퇴하여 인심이 그릇되고 풍속이 각박해져 대교大敎가 침체되었으며 또 현인의 벼슬길이 기구하여 재앙의 기미가 은밀히 드러났다.(중략) 이런 까닭으로 과거에도 나가지 않고 벼슬도 구하지 않았으며 뜻을 거두어 산야에 은둔하였다. 이에 남명南冥이라 자호하고 그 지은 정자를 산해山海라 하였으며 사숙를 뇌룡雷龍이라 하였다. 최후에는 두류산 수굴운동水窟雲洞으로 들어가 8~9개의 서까래를 얽어매어 산천재山天齋라 편액하고는 몸을 깊이 감추어 스스로 수양한 지 수 년이 되었다.(중략) 임신년(1572)에 병이 심해지자 주상이 의원을 보내 병을 다스리게 하였으나 도착하기 전 그 해 2월 8일에 세상을 떠나니 향년 72세이다. 산천재 뒷산에 자리 잡아 4월 6일에 안장하였다.(중략) 벗을 사귐에 반드시 단정하여 그 사람이 벗할 만하면 비록 포의라도 왕공처럼 높여 반드시 예로서 공경했고 벗하지 못할 사람이면 비록 벼슬이 높고 귀하여도 흙으로 만든 인형같이 여겨 함께 앉기를 부끄러워하였다. 공은 만년에 학문이 더욱 진보하고 조예가 더욱 정심했으며 사람을 가르칠 때에는 각기 그 재능에 따라 독실하게 하였다.(중략) 배우는 이들을 경계하여 말하기를 "지금의 학자들이 지극히 가까운 것은 버리고 높고 먼 것만을 쫓으니 병통이 적을 뿐만 아니다. 학문이란 처음부터 부모를 섬기고 형을 공경하며 어른에게 공손하고 어린이를 사랑하는 사이에서 벗어나지 않는다. 만일 여기에 힘쓰지 않고 갑자기 성명性命의 오묘함을 궁구하고자 하면 이것은 인사人事 상에서 천리天理를 구하는 것이 아니니 결국 실지로 얻음이 없을 것이다." 하였다.(중략) 또 창벽 사이에 경의敬義 두 글자를 크게 써서 학자에게 보이고 또한 스스로도 경계했으며 병이 위독할 적에도 오히려 경의설敬義說을 들어 간곡히 문생에게 훈계하였다.(중략) 아! 공은 학문에 독실하고 실행에 힘썼으며 도를 닦고 덕에 나아가 깊은 조예와 넓은 견문은 비견할 이가 드물었으니 또한 미루어 전현前賢에 짝이 되고 후세 학자의 종사宗師가 될 만하나 혹자들이 알지 못하여 그 논평에 상이한 점이 있다. 그러나 어찌 반드시 금일의 사람에게만 알아주기를 구하겠는가! 단지 백세를 기다려 아는 이

만이 알아 줄 뿐이다. 내 외람되이 벗의 반열에 들어 종유한 지 가장 오래이니 전후에서 그 덕행을 보아 또한 남들이 미처 알지 못한 바가 있다. 이는 모두 눈으로 본 것이지 귀로 들은 것이 아니기에 가히 사실로 전할 수 있다.

명銘하여 이르기를, 하늘이 덕을 내려 어질고 곧았으니, 거두어 몸에 지녀 자용自用하기 넉넉했다. 남들에게 펴지 못해 은택 보급 못했으니, 시세인가 명운인가 백성 무록無祿 슬플 뿐!

우인友人 창녕昌寧 성운成運 지음

③

여재실

여재실 전경 국가문화재 사적 305호

문중에서 불천위 제사를 드리는 가묘家廟로 선생과 정경부인 및 숙부인의 위패가 봉안되어 있다.
매년 세 분의 기일忌日과 설 추석 그리고 동지에 채례를 지낸다.

④
덕천서원과 세심정

덕천서원은 1576년에 창건하여 처음 명칭은 덕산서원德山書院이었는데, 1609년에 덕천서원으로 사액 받았다. 임진왜란으로 소실되었다가 1602년에 복원하였으며, 이후 강우유림의 본산으로서 그 역할을 다하였으나 인조반정 이후 다소 쇠락하였다.

그러나 17세기에는 『덕천원생록』에서 보는 바와 같이 여전히 상당한 위상을 유지하고 있었던 사실을 알 수 있지만 18세기에 들어서부터는 뚜렷한 역할을 하지 못한 것으로 보인다. 더구나 대원군 때 서원철폐령으로 훼철된 이후 1927년 중건될 때까지 50여 년이 넘는 기간 동안에는 그 존재조차 없었던 것이다. 오늘날은 춘추향사를 비롯하여 남명선비문화축제 때의 추모제까지 연간 세 차례의 채례를 지내고 있으며, 여전히 많은 단체와 학교 등에서 강학의 장소로 활용하고 있어 그 기능을 잘 수행하고 있는 전국의 대표적인 서원중의 하나이다.

덕천서원 마당에는 사각형의 연못이 좌우로 있었으며 그 앞에 소나무를 심어두었다고 한다. 또한 정조가 남명의 영전에 직접 지어 내린 사제문비가 뜰에 서 있었으며, 서원에 배향된 제자 수우당 최영경에게 내린 선조의 사제문비도 있었지만 지금은 진주의 도강서당 뜰로 옮겨두고 있다. 세심정에서 멀지 않은 곳에 1603년 무렵에 지은 취성정도 있었다.

덕천서원 전경 사적 305호
1. 숭덕사 2. 전사청 3. 내삼문 4. 경의당 5. 진덕재 6. 수업재 7. 시정문 8. 홍살문 9. 관리사
10. 화장실 11. 주방/샤워장 12. 주차장 13. 세심정 14. 「욕천」시비

덕천서원 전경

덕천서원 뒤쪽에서 앞을 바라본 모습

숭덕사崇德祠

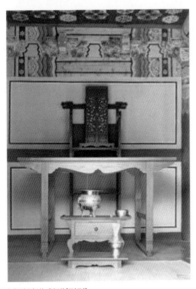

남명선생 위패(정면)

수우당선생 위패(동편)

덕천서원 경의당敬義堂

덕천서원 현판은 모정慕亭 배대유裵大維가 썼고, 경의당 현판은 약헌約軒 하용제河龍濟가 썼다.

진덕재進德齋(동재)

현판은 고봉古蓬 최승락崔承洛이 썼다.

수업재修業齋(서재)
현판은 고봉古蓬 최승락崔承洛이 썼다.

전사청典祀廳

내삼문內三門

시정문時靜門(외삼문外三門)

덕천서원 중건기

　융경隆慶 임신년(1572) 봄에 남명 선생이 세상을 떠나자 여름 4월에 산천재山天齋 뒷산에 안장하고는 최수우당崔守愚堂 하각재河覺齋가 무성無成 하응도河應圖 무송撫松 손천우孫天佑 조계潮溪 유종지柳宗智와 더불어 처음으로 사우祠宇를 건립하자는 논의를 제창했다. 을해년(1575) 겨울 목사 구변具忭과 함께 적당한 자리를 물색하다가 드디어 구곡봉九曲峯 아래 살천薩川 위에다 터를 잡았으니 대개 산천재와 서로 바라보이는 곳이다. 이보다 앞서 무성無成이 여기에 조그마한 초가집을 지어놓고 때때로 선생을 모시고서 노닐었는데 이때에 이르러 그 집을 철거하고 자리를 잡았으니 이때가 병자년(1576) 봄이다. 이에 수우당 등 제현이 그 일을 주관했으니 음식을 맡은 이는 손승선孫承善이고 도료장都料匠은 승려 지관智寬이었다. 고을 아전 강세견姜世堅이 장부를 담당하고 목사 구변이 감사 윤근수尹根壽와 함께 협력하였다. 1년이 못되어 사우와 당재堂齋가 완공되고 다음해 치장과 단청이 마무리되었다. 그리고 담장을 둘러싸고 담장 안에 샘물을 끌어와 좌우에 네모난 못을 만들어 그 가운데 연꽃을 심었다. 시내 위에 달리 두 칸 정자를 지어 풍영風詠하는 장소로 삼고는 세심洗心이라 편액했다가 뒤에 취성醉醒으로 바꾸었다. 이후로 춘추 석채釋菜를 더욱 경건히 받들었으니 당시에 하각재가 원장院長이었다.

불행히도 임진병란이 갑자기 일어나 강당講堂 재사齋舍 정자가 모두 불에 타버리고 오직 사우와 주사廚舍만이 화재를 면했는데 결국 정유재란에 불타고 말았다. 신축년(1601)에 목사 윤열尹說이 본주 선비들의 요청으로 중수重修를 협의하여 도모했으니 이에 청주목사를 지낸 이정李瀞 원장 진극경陳克敬 및 내가 돌아가면서 주관하였다. 임인년(1602)에 사우가 비로소 완공되고 신주神廚가 뒤이어 지어졌으니 당시 유사는 정대순鄭大淳 손균孫均이었다. 선생의 위판位板은 바위굴에 숨겨놓아 다행히 보존은 했지만 글씨가 흐려지고 불결하여 신판新板으로 바꾸었다. 계묘년(1603) 가을에 봉안하면서 수우당 선생을 배향했고 제기祭器는 또 서원 하인 세경世庚이란 자가 잘 보관하여 온전하였다. 병오년(1606)에 서재西齋를 건립했으니 순찰사 유영순柳永詢이 힘을 쏟았고 손득전孫得全이 공사를 감독했다. 유순찰柳巡察이 병사 김태허金太虛와 함께 찾아와 사우를 배알하고 인하여 쌀 20석과 조세租稅 50석을 내어 산으로 둘러싸인 가운데 1리를 이식利息하는 곳으로 삼아 서원의 경비를 마련하게 했다. 기유년(1609)에 강당을 영건하고 동재東齋와 주고廚庫를 연이어 지었으니 유사는 하공효河公孝 조겸趙㻩이었다.

사우는 난리 뒤에 초창草創하면서 마룻대가 낮고 계단이 평평하여 그 규모가 적합하지 않았다. 신해년(1611)에 이를 새롭게 하여 그 옛터를 넓히고 마룻대와 동자기둥을 크게 하여 하여금 웅장하게 하였으니 공사를 다스린 유사는 유경일柳慶一이다. 그 예전 목재는 옮겨서 취성정醉醒亭을 지었는데 이보다 앞서 취성정 문밖 송림 두둑에 한 칸의 초정草亭을 새로 지어 세심정이란 옛 이름으로 편액하였다. 이는 서원 유사 유종일柳宗日이 선생이 지은 상정橡亭의 모습을 본 뜬 것이다. 전후의 계획은 모두 원장 이정李瀞에게서 나왔고 병사 최렴崔濂이 또한 힘을 쏟아 능히 순조롭게 진행되었으니 다행한 일이다. 대개 창립한 초기에 묘우廟宇와 당재堂齋가 정연히 질서가 있고 담장과 계단이 단정히 규모가 있었던 것은 수우당 선생의 치밀한 계획이 아님이 없었으며 난리 후 다시 영건할 적에도 모두 그 예전 제도를 인하였다. 단지 건물을 지을 적에 선후先後한 차례가 있고 장인들의 솜씨에 교졸巧拙의 차이가 있기 때문에 당재堂齋는 옛것에 미치지 못하지만 묘우廟宇는 전일보다 화려하다.

금상今上 기유년(1609) 봄에 승정원에서 글을 올려 특별히 세 서원이 사액을 받았으니 이곳이 그 하나이다. 사액을 청할 적에 수우당의 배향을 아울러 계품啓稟하지 못했는데 을묘년(1615)에 예조에서 서원 유생들의 상소로 인해 회계回啓하여 윤허 받았다. 서원의 옛 이름은 덕산德山이었고 덕천德川은 새로 사액 받은 것이다. 정당은 경의당敬義堂이고 좌우의 협실은 동익실東翼室 서익실西翼室이다. 동서재는 예전에 경재敬齋 의재義齋라 하였다가 지금은 진덕재進德齋 수업재修業齋로 고쳤다. 재齋의 헌함은 광풍제월헌光風霽月軒이고 정문은 유정문幽貞門이다.

산을 의지하고 물을 굽어보면서 아늑하고 널찍하며 산봉우리들이 읍을 하고 시냇물이 감돌아 흐르면서 먼 것 같기도 하고 가까운 것 같기도 하여 스스로 아름다운 경치를 이루었으니 서원을 건립할 장소로는 이에 더 더할 것이 없다. 아! 방장산方丈山은 천하에 유명하고 덕산동德山洞은 드넓어 포용함이 있다. 천지가 이곳을 비장祕藏하여 그 몇 천 백년을 내려왔는지 알 수는 없지만 오늘을 기다려 산은 무이산武夷山이 되고 동은 백록동白鹿洞이 되어 만세토록 시서詩書와 예양禮讓의 자리가 되었다. 이 어찌 운수가 그 사이에 있는 것이 아니겠는가! 자리는 인물로 인하여 드러난다는 말이 참으로 확실하다. 하각재의 덕산지德山志에 사우를 경영한 규모와 제공이 일을 주관한 근면함이 상세하게 기록되어 하나도 빠짐이 없었으므로 후학들로 하여금 어제 일처럼 환히 알게 하였다. 그러나 결국 병화兵火 중에 잃어버렸으니 이에 지난 일들이 인멸할까 염려되어 그 전말을 대강 기록하여 뒷날의 상고를 대비한다.

천계天啓 2년(1622) 임술 광해 14년 7월 상순 원지院識를 게시하였다.

창주滄洲 하증河憕 근지謹識

관리사管理舍(고직사庫直舍)

주방 및 샤워실

서원 쪽에서 본 세심정

강 쪽에서 본 세심정

세심정기

　예기禮記에 일컫기를 '군자는 장수藏修하고 유식遊息한다'하였으니 대개 장수하는 곳에는 반드시 유식할 자리가 있는 것이 옛날의 법도이다. 삼가 서원의 제도를 살펴보면 사우祠宇를 건립하여 향사를 밝히고 명륜당明倫堂을 세워 인륜을 중시하며 동서재東西齋를 두어 학자를 거처하게 했으니 장수는 참으로 할 곳이 있다. 서원 남쪽에 시내가 있는데 허공을 머금어 푸른빛이 어렸으며 물이 돌아 흘러 맑은 연못이 되었으니 이에 임하면 기수沂水에서 목욕하는 흥취가 있다. 또 시내 위에는 도림桃林이 있고 간간이 소나무와 능수버들이 섞여 있어 이를 쳐다보면 무릉도원 같으니 참으로 유상遊賞하기에 좋은 경치이다.

　이제 우리 최선생崔先生께서 매양 지팡이 짚고 그 위를 소요하다가 정자를 지어 유식할 자리를 갖추려고 하였으나 서원의 공사가 끝나지 않아 이루지 못했다. 지난 임오년(1582) 봄에 비로소 경영하여 정자가 완성되자 경치는 더욱 아름다워져 시내는 그 맑음을 더한 것 같고 고기들은 그 즐거움을 더한 것 같았다. 이에 각재覺齋 숙부께서 주역의 성인이 세심洗心하는 뜻을 취하여 정자를 이름했으니 대개 물을 볼 적에는 방법이 있다는 뜻을 부친 것이다.

　대저 물은 그 성질이 맑아 더러운 것은 씻으면 깨끗해지고 검은 것은 빨면 희어지기 때문에 시내를 누르고 정자를 세운 것은 장수하는 이로

하여금 답답함을 풀고 호연한 기개를 함양하게 하고자 함이다. 그리고 물로 인해 이름을 지은 것은 유식하는 이로 하여금 그것을 보고 자기를 반성하여 일일신日日新하고 우일신又日新하게 하고자 한 것이다. 우리 고을의 군자들이 참으로 능히 이 정자에 올라 선생의 유풍을 추상하고 또 능히 이름을 돌아보고 뜻을 생각하면서 마음을 맑게 하는 공부를 이룬다면 좋을 것이다. 내 어리석은 소생으로 감히 고루함을 기록하고 또 이어 노래하기를, 높이 솟은 저 정자 우뚝하고 날렵하니, 노닐거나 쉬면서 군자 사는 곳이로다. 드넓은 이 냇물 옥과 같고 거울 같아, 군자 이를 본받아 반성하며 구해보리. 이 몸이 청명하면 나의 본성 찾으리니, 그렇지 않을진대 큰 글씨 여기 보라.

후학 진양 하수일 근기

세심정洗心亭
현판은 중천中天 김충렬金忠烈 고려대학교 교수와 11세손 조봉조가 썼다.

욕천시비浴川詩碑
글씨는 우현于玄 민성수閔性洙가 썼다.

❺

남명기념관

남명기념관 전경 경남 산청군 시천면 남명로 311

설립 취지와 배경

　남명선생 관련 연구 및 선양기관들은 선생의 학덕을 추모하고 선생이 추구하고자 하였던 경의사상을 계승·발전시키고자 매년 국제학술회의 및 남명 선생 관련 도서를 발간하고 있으며, 남명선생추모제를 시작으로 서사극공연 및 의병출정식 등 남명선비문화축제를 매년 10월 셋째 주 토요일에 개최하고 있으며, 선비공원 조성과 남명석상 건립 그리고 용암서원 복원과 남명학관 건립 등 다양한 사업을 하였다.남명기념관은 이러한 사업의 일환으로 남명선생 탄신 500주년에 맞추어 계획되어 2004년 7월에 완공하였다.

기념관 안내

　제1전시실 : 남명 선생의 생애 및 학문과 관련된 서적들과 경의검 성성자 등이 전시되어 있다.

　제2전시실 : 남명의 제자들을 주제로 한 전시실로, 제자들의 유묵과 미니어처 그리고 의병활동과 관련한 조형물을 설치하여 그 업적을 돌아볼 수 있는 공간이다.

　제3전시실 : 남명 선생의 정신을 기리고 이어받기 위한 오늘날의 노력과 이에 대한 실천의지를 표현한 공간이다.

　기념관 광장에는 신도비와 신도비문 국역비, 을묘사직소 국역비, 무진봉사 국역비, 남명선생 석상 등이 있다.

　그 외에 영상실 수장고 세미나실 교육실 사무실 등이 있다

남명기념관 전경

남명기념관 본관
현판은 중천中天 김충렬金忠烈 교수가 썼다.

남 명 학 맥 도(南冥 學脈圖)

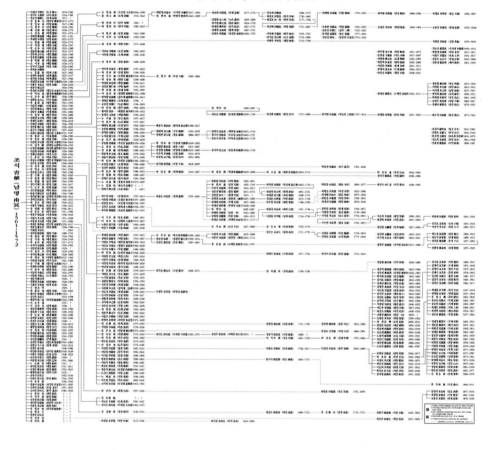

남명학맥도 南冥學脈圖

남명선생 표준영정

남명 선생 화상찬

하늘과 땅의 순수하고 굳센 덕을 품부하였고, 강과 산악의 맑고 깨끗한 정기를 타고나셨네.

재주는 일세에 높고, 기상은 천고를 덮으셨도다.

지혜는 족히 하늘과 땅의 변화에 통하고, 용맹은 족히 삼군의 장수를 뺏을 만 하셨다네.

태산벽립의 기상을 가졌으며, 봉상만인의 아취를 지니셨네.

산봉우리 위의 옥처럼 빛나고, 수면의 달처럼 빛나셨도다.

나의 관점에서 본다면,

마땅히 그 떨침이 우리 동방에서는 없었던 호걸이어라!

문인 정구鄭逑 지음

---

* 남명 선생 표준 영정 오른쪽 상단에 쓴 이 구절은 원래 남명의 제자 한강 정구가 덕천서원과 남명 선생 묘소를 참배할 당시 지은 제문의 일부분이다.

복원한 경의검 敬義劍

1950년대에 촬영한 경의검과 보관상자

조선시대의 방울

복원한 성성자

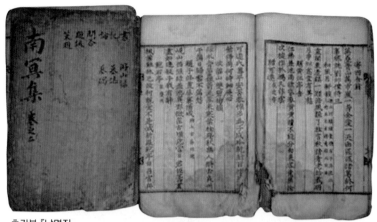

초간본 『남명집』
갑진본(1604)의 목판으로 1606년 무렵 인쇄한 것으로 추정되는 초간본 계열의 『남명집』이다.
3권 2책 중 권3이 결락이다.

『남명집』 목판

사성현화병
남명선생이 직접 그린 공자 주렴계 정명도 주희 등 4성현의 흉상 병풍첩이다.

남명기념관 마당의 비석류

　남명기념관의 마당 서쪽에는 네 기의 비석과 석상이 서 있다. 석상은 탄신 500주년기념사업의 일환으로 중국 운남성의 옥석으로 선생의 상을 조각한 것이다.

　비석은 왼쪽부터 송시열이 지은 신도비와 그 국역비, 을묘사직소(단성소) 국역비 및 무진봉사 국역비 등이다.

　신도비는 큰 길 가에 남명의 묘소 방향과 같은 방향으로 세워두었다가 남명기념관을 건립하면서 그 부지가 정비대상에 포함되어 현재의 위치로 옮겼다.

우암 송시열 찬 「남명선생신도비」 및 국역비

신도비명神道碑銘 병서幷序(요약)

　남명 선생이 이미 세상을 떠남에 선비는 더욱 구차해지고 풍속은 더욱 투박해졌으니 식자들이 선생을 사모함이 더욱 간절하다. 그러나 사람들이 의義를 귀히 여기고 이利를 천하게 여기며 조용히 물러남을 가상히 여기고 탐욕을 부끄러이 여길 줄을 알게 되었으니 선생의 공이 참으로 위대하다.(중략) 성동成童 때에 기묘사화의 참혹함을 직접 눈으로 보고 마침내 과거에 나가지 아니하다가 친명親命으로 한 번 응시하였다. 글을 지음에 좌구명左丘明 유종원柳宗元의 글을 좋아했는데 어느 날 염계濂溪 선생의 글 중에 "이윤伊尹의 뜻을 뜻으로 삼고 안연顔淵의 학문을 학문으로 삼는다."는 말을 읽고 개연히 분발하여 산재山齋에서 제생에게 하직하고 돌아왔다. 이에 날마다 육경六經 사자四子와 송宋나라 제현의 글을 읽으면서 자세히 연구하고 힘써 터득하여 밤낮을 이어 쉬지 않았으며 손수 공자孔子와 주자周子 정자程子 주자朱子의 모습을 그려 경모景慕의 뜻을 부쳤다. (중략)당시 문정왕후文定王后가 자리하여 대윤大尹 소윤小尹이 서로 헐뜯자 선생은 더욱 당세에 뜻이 없어 영영 과거를 포기하고 지리산智異山에 들어가 집을 짓고 거처하면서 산천재山天齋라 편액하고는 한결같이 매진하여 조예가 더욱 고명高明하였다. 일찍이 회재晦齋 이언적李彦迪 선생의 천거로 재랑齋郎을 제수했으나 나가지 않았고 뒤에 회재晦齋가 본도本道 관찰사로 왔을 때 보기를 청했지만 또한 사양하였다.(중략)

일찍이 말하기를 "오늘날의 폐단은 고원高遠한 것을 즐겨 좇으면서 자기에게 절실한 병통을 살피지 않는 데 있다. 성현의 학문은 처음부터 일용에서 벗어나지 아니하니 만일 이것을 버리고 갑자기 성리性理의 깊은 뜻을 알고자 한다면 이것은 진성盡性과 지명知命이 효제孝悌에 근본하지 않는 것이다." 하였고, 또 말하기를 "성인의 미묘한 말과 깊은 뜻은 선유先儒들이 연이어 밝혔으니 배우는 이들은 알기 어려움을 근심하지 말고 위기爲己의 실속 없음을 염려하라."고 하였다. 글을 읽다가 긴요한 곳에 이르면 반드시 세 번 반복한 후 그만 두었으며 인하여 두 책을 이루어 학기學記라 하였고 그 문집 약간 권이 세상에 전한다. 주상이 제문과 곡식을 내리고 대사간에 추증했으며 뒤에 다시 영의정으로 추증하고 문정文貞이라 시호했다. 진주晉州 삼가三嘉 김해金海 고을의 선비들이 모두 사당을 지어 향사를 드린다.(중략)

나는 후세에 태어나 문하에서 청소하며 모시지는 못했지만 그러나 일시 제현의 의논을 상상해 헤아려 보건대 그 벽립천인壁立千仞과 일월쟁광日月爭光의 기상은 지금까지 오히려 사람들로 하여금 늠름히 경외敬畏하게 하니 그 풍성風聲을 일으켜 무너진 습속을 진작시킨 것이 마땅하다. 명銘하여 이르기를,

고상한 천품이라 흉중에 티끌 없어 깨끗하고 활달했다. 옛 것 믿고 의리 좇아 명절名節에 힘썼으니 횡류橫流 중의 지주砥柱였다. 산 속에 집을 짓고 당우唐虞를 읊으면서 배회하며 자락自樂했다. 오직 이 경敬과 의義는 성사聖師의 교훈이라 크게 벽에 걸었다. 깨어 있고 씻어 없애 상제上帝를 대한 듯 밤낮으로 힘썼다. 성상께서 기다리니 찬연히 나갔다가 홀연 이내 돌아왔다. 수양하는 용맹은 용을 잡고 범을 묶듯 늙을수록 돈독했다. 명성 더욱 높아지고 사림 더욱 흠모하니 북두성이 북에 있듯! 목가木稼 재앙 알리고 소미小微 광채 잃었으니 철인哲人 횡액 당하였다. 높은 산 무너지니 나라에 전형典刑 없어 선비 뉘를 본받으랴! 오직 그 풍성風聲은 완부頑夫 유부懦夫 바로 세워 우리 국맥國脈 길이 했다. 두류산 하늘 솟고 그 냇물 땅을 갈라 깊고도 우뚝하다. 천억 년 흘러도 선생의 이름은 이와 함께 무궁하리.

대광보국숭록대부 의정부 좌의정 겸 영경연사 감춘추관사 세자부 치사 봉조하 은진恩津 송시열宋時烈 찬撰
숭록대부 행 이조판서 의금부사 지성균 겸 독변 내무부사 홍문관제학 예문관제학 원임규장각학사 시강원일강관 영가永嘉 김성근金聲根 전篆
가선대부 이조참판 김학수金鶴洙 근서謹書

남명조식선생지상

6

입덕문과 덕문정

입덕문入德門

남명이 덕산으로 들어가면서 그 입구의 바위로 된 문을 입덕문이라 이름 하였는데 뒤에 제자인 모정慕亭 배대유裵大維가 석문 앞의 바위에 글을 새겼다고 전한다. 6.25 이후 도로를 확장하면서 석문을 폭파하고 입덕문이라 새긴 바위도 깨트려서 오늘날과 같은 모습으로 만들어 원래의 자리 옆 덕문정 뒤쪽에 세워두고 있다.

덕문정德門亭

경남 산청군 단성면 백운로

이 정자는 선생의 유덕을 기리고 수려한 자연경관을 보존하고자 모인 보승계保勝契
에서 1996년 5월 건립한 것으로 입덕문 가까운 곳 덕천강 가에 위치하고 있다.

한국선비문화연구원

한국선비문화연구원 전경

1 본관   2 야외공연장
3 회랑   4 경의루
5 한옥체험관   6 선비생활관
7 정자   8 대문
9 주차장   10. 호텔식 숙박동

한국선비문화연구원 기본현황 및 소개

한국선비문화연구원 설립취지문

한국선비문화연구원은 실천적 선비정신이 한국문화의 핵심임을 인식하고, 남명학을 비롯한 선현들의 실천 유학에 관한 자료를 수집·연구하여 한국선비문화의 위상을 정립하며, 이를 현대적으로 계승하기 위한 연수와 체험 및 인성교육 등을 체계적으로 활성화함으로써 개인적 수양과 사회적 실천을 중시하는 선비문화를 사회각층에 널리 보급하여 미래 한국 사회를 이끌어 갈 정신문화 창달에 기여함을 목적으로 한다.

::: 한국선비문화연구원 기본현황

- **위치:** 경남 산청군 시천면 남명로 240번길 33
- **시설:** 강의실 8, 숙박 300인, 대광장, 궁도장, 체육시설, 식당 등
    - 연수시설 : 대강당(300석), 101세미나실(30석), 102강의실(90석),
      201, 301, 302강의실(100석), 다목적강의실(60석), 영상실(48석) 등
    - 숙박시설 : 별관(2인실 35), 선비생활관(2인실 5), 3인실 6), 4인실 8,
      온돌 10~12인실 16)

::: 남명정신과 사상의 계승·발전을 위한 연수

- 남명의 사상과 선비정신을 경험할 수 있는 프로그램
- 한국인의 자긍심을 바탕으로 올바른 인성과 가치관 정립
- 선비전통놀이체험, 남명 사적지 현장방문 등 선비문화 인문학 체험
- 지리산 천왕봉, 둘레길, 남명 선비길, 대원사 계곡길 등 우수한 자연
  환경 힐링 체험

::: 한국선비문화연구원의 차별성

1. 내용적 차별성

- '실천 선비정신'의 현대적 계승과 선양
- '죽음을 불사한 상소'를 통한 남명의 기개: 「을묘사직소」
- 청빈·청렴사상의 최고를 지향한 서리망국론: 「무진봉사」

2. 공간적 차별성

- '실천 선비정신'의 교육 유산: '산천재'
- 선비의 품격 상징: '남명매'
- 남명의 정신적 지주: 지리산 천왕봉 당일코스

산천재와 남명매

지리산 천왕봉(1,915m)

3. 연수 프로그램 차별성

- '깨어있는 실천정신' : 남명 인문학 여행/체험
- 호국의 실천 : '병법, 선비전통놀이' 체험
- 학교 방문을 통한 '찾아가는 남명선비문화교실' 운영(2시간)
- 방학기간 '남명선비학당' 운영(5박 6일)
- 최상·최고의 호연지기 : 지리산 천왕봉/둘레길/생태 탐방로 체험

연수 활동장면

입교식

남명 인문학 강연

공직자 청렴강의

남명 선비학당 캠프

남명 사적지 탐방(산천재)

신명사도 탁본체험

호연지기 체험(지리산 천왕봉)

전통놀이체험(고리던지기)

전통놀이체험(국궁)

남명 마당극 공연

연수 및 숙박시설 현황

::: 연구·연수동 [본관] :::

연구·연수동(본관)

- 강의실 8개(30~300명)
- 사용목적 : 강의, 세미나, 학술행사, 공연행사 등

대강당

- 수용인원 : 300명
- 기 자 재 : 노트북, 빔, 스크린, 화이트보드, 무대
- 사용목적 : 세미나, 강의, 공연행사 등

102 강의실

- 수용인원 : 90명
- 기 자 재 : 전자식교탁, 빔, 스크린, 화이트보드
- 사용목적 : 세미나, 강의 등

201~303 강의실

- 수용인원 : 100명
- 기 자 재 : 전자식교탁, 빔, 스크린, 화이트보드
- 사용목적 : 세미나, 분임토의, 강의 등

다목적 강의실

- 수용인원 : 100명
- 기 자 재 : 빔, 스크린, 화이트보드 등
- 사용목적 : 사물놀이, 다도, 명상, 강의 등

영상실

- 수용인원 : 48명
- 기 자 재 : 빔, 스크린 등
- 사용목적 : 영화 상영, 강의 등

::: 선비생활관(별관) [숙박동] :::

선비생활관(별관)

- 수용인원 : 최대 300명
- 사용목적 : 연수숙박 등
  (침대 2, 3, 4인실~온돌 10~12인실)

침대 3인실

- 수용인원 : 3명
- 기 자 재 : TV, 냉장고, 화장대, wifi
  (거울, 드라이기, 샴푸, 린스 등)

침대 4인실

- 수용인원 : 4명
- 기 자 재 : TV, 냉장고, 화장대, wifi
  (거울, 드라이기, 샴푸, 린스 등)

온돌 10~12인실

- 수용인원 : 8~10명
- 기 자 재 : TV, 냉장고, 화장대, wifi
  (거울, 드라이기, 샴푸, 린스 등)

별관 2인실

- 수용인원 : 2명
- 기 자 재 : TV, 냉장고, 화장대, wifi
  (거울, 드라이기, 샴푸, 린스 등)

별관 세미나실

- 수용인원 : 20명
- 기 자 재 : 조리기구, 정수기 등
- 사용목적 : 세미나실 및 티타임 장소

한옥체험관

- 수용인원 : 30명
- 기 자 재 : TV, 냉장고, wifi, 회의용 테이블 등
  (거울, 드라이기, 샴푸, 린스 등)

식당

- 수용인원 : 150명
- 기 자 재 : 조리기구, 정수기 등
- 사용목적 : 연수생 대상 식당 운영

자굴산 방향

대의면

뇌룡정/용암서원

생가지/외가

토동전경

합천편

합천 삼가는 선생의 고향이자 외가가 있던 곳인데, 현재 고향인 판현에는 사적이 남아있지 않고 선대의 묘소만 있다. 선생의 집안은 아마도 부친이 돌아가시기 전에 토동으로 이주한 듯하다. 왜냐하면 부친이 세상을 떠나자 가족이 토동으로 내려왔다는 기록이 보이며, 또한 선생이 어머니의 봉양을 위하여 김해에서 18년간 살다가 다시 삼가로 올 때도 토동에 거주하는 아우 환桓의 집으로 돌아온 것으로 기록되어 있기 때문이다.

현재 토동에는 뇌룡정과 생가터 그리고 용암서원이 남아있다. 기록을 보면 선생은 거처하는 장소로 계부당을 마을 안쪽에 지었고, 강학장소로 뇌룡정을 냇가에 지은 것으로 되어있다. 계부당은 지금 정확한 위치를 확인할 수도 없고, 뇌룡정은 복원하여 2014년에 다시 중건하였다. 용암서원은 처음 가수현에 회산서원이란 이름으로 세웠다가 장소가 협소하여 곧 현재의 합천댐으로 수몰된 지역 안에 옮겨 향천서원이라고 하였다가 용암서원으로 사액되었다.

뇌룡정도 임진왜란으로 소실되었으므로 용암서원의 강당을 뇌룡정의 모습으로 지어서 두 건물의 기능을 동시에 하도록 하였다. 그 후 2001년 남명선생탄신 500주년을 맞이하여 사적지에 대한 대대적인 정비가 이루어지면서 그 일환으로 2007년 용암서원을 뇌룡정 옆에 중건하였다.

주소 : 경남 합천군 삼가면 남명로 72-7

합천군 삼가면 토동마을 전경(마을입구 쪽에서)

합천군 삼가면 토동마을 전경(생가지 뒤쪽에서)

뇌룡정 용암서원 남명교육관 전경

①

뇌룡정

뇌룡정 전경
경상남도 문화재자료 제129호 현판의 글씨는 약헌約軒 하용제河龍濟가 썼다.

뇌룡정은 선생이 48세부터 12년간 강학하던 장소로, 이곳에서 그 유명한 을묘사직소(단성소丹城疏)를 올리기도 했다. 원래 이 뇌룡정에는 신명사도神明舍圖를 그려 두었다고 전해진다. 현재 뇌룡정에는 『장자莊子』에서 따온 그 이름의 뜻인 '시거이용현尸居而龍見 연묵이뇌성淵默而雷聲'(시동처럼 가만히 있다가 용처럼 나타나고 연못처럼 고요하다가 우레처럼 소리친다.)이라는 글귀가 걸려 있다.

뇌룡정은 임진왜란으로 소실된 후, 합천댐 건설로 수몰된 곳에 세웠던 용암서원의 일부로 복원되었다가 서원철폐령으로 훼철되었다. 다시 십여 년 후인 1883년 무렵에 원래의 자리인 토동의 냇가에 중건하였는데, 그 자리가 수해를 자주 입으므로 2014년에 장소를 조금 안쪽으로 현재의 위치에 중건하였다.

뇌룡정 현판

이건하기 이전의 뇌룡정 모형(남명기념관 전시실)

신명사도

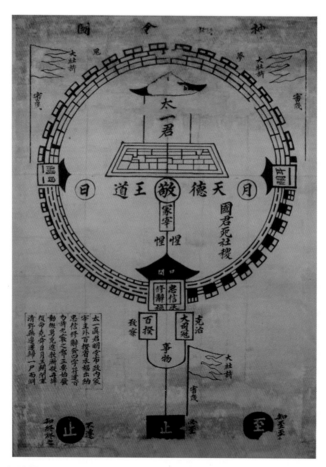

신명사도神明舍圖

뇌룡정의 방 벽에는 선생이 직접 그린 신명사도神明舍圖가 크게 걸려 있었다고 전한다. 신명사도는
『주역』을 중심으로 남명사상의 핵심인 경의敬義사상을 잘 나타내고 있는 그림으로 존양 성찰 극기
의 내용을 담고 있다. 이 사진은 2016년에 진주박물관에서 원형을 살려낸 것이다.

뇌룡정중건기

뇌룡정중건기

　우주를 무궁토록 지탱하여 무너뜨릴 수 없는 것이 사문斯文이다. 그렇기 때문에 무릇 이에 공로가 있는 이는 비록 한 고을의 선사善士라도 사람들이 모두 그 남긴 자취를 사모하거늘 하물며 한 나라의 선사에 있어서이랴! 대저 남명 조 선생은 그 도덕과 기절이 천 길의 벽립壁立 같고 백세의 청풍淸風 같아 중국 성관星官의 말이 있었으니 또한 단지 한 나라의 선사일 뿐만 아니다. 전인前人의 찬술이 이미 갖추어져 징험할 수 있고 우암尤庵이 지은 비문에 더욱 드러나 있으니 다시 덧붙일 것이 없다.

　삼가현三嘉縣 토동兔洞은 곧 선생이 태어난 고향으로 뇌룡정雷龍亭이라는 정자가 있었으니 곧 선생이 학문을 닦던 곳이다. 불행히도 난리에 재앙을 입어 빈 터만 남게 되었으니 사림이 통석하여 중건을 도모했지만 겨를이 없었다. 현縣의 북쪽에 예부터 사액서원이 있었으나 또한 철폐되었으니 이에 정자를 중수하려는 계획이 더욱 간절하였다. 을유년(1885)에 이르러 일제히 분발하여 재물을 모으고 역사를 시작하여 세로 오가五架 가로 오간五間을 건립하여 기와를 얹었고 또 사랑채를 지어 이를 수호케 하였다. 매년 3월과 9월 보름에 위패를 모시어 배알하고 규약을 세워 강론하며 또 계契를 만들고 전답을 마련하여 길이 보전할 계획을 세웠다. 비록 정자의 규모는 옛 것에 비하여 증감을 알 수는 없지만 그러나 우뚝이 눈앞에 높이 솟아 그 모습이 어제와 같고 산천은 거듭 새롭게 되었으니 아! 훌륭하다.

현縣의 큰 선비인 남려南黎 허유許愈와 애산艾山 정재규鄭載圭는 영남에서 명망이 높았는데 이 역사는 실로 이들이 주관하였다. 이미 낙성하고 또 스승으로 모시니 매양 원근의 선비들이 모여들어 매우 볼 만하였다. 당시 내가 마침 외람되이 현감이 되어 두 사람과 더불어 잘 지냈으므로 드디어 그 역사에 함께 참여하였다. 공사가 끝나자 나에게 기문을 청하기에 내 불문不文으로 사양하면서 말하기를 "기記라는 것은 문文이다. 학자가 이미 귀의할 곳을 얻었으면 마땅히 한결같이 모시어 여기서 우러르고 여기서 추모하면서 학문에 힘쓸 때는 오로지 경의敬義의 법도를 따르고 덕을 쌓을 때는 항상 뇌룡雷龍의 이름을 생각한다면 이것이 그 실질이니 어찌 문文으로써 하겠는가!" 하였다. 이미 임기를 마치고 돌아왔는데도 청함이 오히려 간절하였고 더욱 사양했으나 더더욱 재촉한 것이 이에 20년이 되었다. 결국 사양함을 끝내 얻지 못하고 대략 전말을 엮어서 이에 응한다.

을사년(1905) 섣달 후학 동양東陽 신두선申斗善 근지謹識

뇌룡정우설

뇌룡정雷龍亭 우설遇雪

하늘이 우리 유람 어여삐 여겨	天憐吾輩遊
비를 내리다가 밤중에 눈을 내린다.	故雨一夜雪
대지는 먹물 뿌린 구름이 자욱한데,	大地墨潑雲
흰 눈이 온통 덮어 먼지 한 점 없구나.	壓盡塵埃絶
등불 밝아 법어法語는 자세하고,	燈深法語細
술기 올라 호기豪氣가 발동한다.	酒煖豪氣發
낙락落落한 정자 두둑 소나무,	落落亭畔松
모두 함께 세한歲寒 절개 구경한다.	共看歲寒節
면앙俛仰하며 뜰 앞을 걸어보니,	俛仰步中庭
만고萬古의 밝은 달이 비친다.	萬古留明月

초계草溪 정재규鄭載圭

2

용암서원

합천군 삼가면 토동마을과 용암서원

용암서원 및 남명교육관 전경

숭도사崇道祠

글씨는 고봉古蓬 최승락崔承洛이 썼다.

전사청典祀廳

내삼문內三門

숭도사 전사청 내삼문 전경

용암서원龍巖書院(거경당居敬堂)
현판의 글씨는 소헌紹軒 정도준鄭道準이 썼다.

한사재閑邪齋
글씨는 고봉古蓬 최승락崔承洛이 썼다.

존성재存誠齋
글씨는 고봉古蓬 최승락崔承洛이 썼다.

용암서원묘정비龍巖書院廟庭碑
덕산의 남명기념관에 있는 우암 송시열 찬 「남명선생신도비」와 내용이 같으나, 가계와 자손부분만
삭제하고 세운 것이다.

집의문集義門(외삼문外三門) 글씨는 고봉古蓬 최승락崔承洛이 썼다.

관리사管理舍

용암서원중건기

　옛날 삼기현三岐縣과 가수현嘉樹縣을 합하여 삼가三嘉라 하였는데 삼가는 곧 우리 남명 노선생이 생장한 고을이다. 지금은 삼가가 또 합천군陜川郡에 속해졌으니 군내의 인사들이 노선생이 교화를 남긴 자리에 전형을 본받아 의귀할 장소가 없고 또 향사를 드리는 일이 없는 것으로 항상 한스럽게 여겼다. 예전에 용암서원이 노파리魯坡里 원동院洞에 있었는데 덕천德川 신산新山 두 서원과 동시에 사액하여 선생을 주향하고 선비들이 공부한 것이 또한 200여 년이 되었다. 그러나 대한제국 말기에 훼철을 당하여 그 자리는 잡초만 무성하다가 근래에 또 저수지에 함입되어 형체를 찾아볼 수 없으니 또한 개탄하지 않을 수 있겠는가!

　지난 신사년(2001)은 노선생 탄강 500주년이었다. 사림이 일제히 일어나 서원 복구의 의론을 제창하자 삼가三嘉 초계草溪 강양江陽 합천陜川 등 군내에 있는 여러 향교가 한 목소리로 호응하지 않음이 없었다. 마침내 추진회를 결성하고 가호佳湖 김련金煉이 위원장이 되어 그 일을 주관하였다. 인하여 관청에 청하여 그 자금 협조를 요구하니 관청에서도 또한 흔연히 응하고 거금을 협조하여 비용에 부족함이 없게 했다. 이에 토동兎洞의 뇌룡정雷龍亭 서쪽에 자리를 잡아 수백 평을 마련했으니 자리가 평탄하고 사방이 훤하였다. 자굴산闍崛山이 그 동쪽에 있고 칠평산七坪山이 그 남쪽을 에워쌌으며 황매산黃梅山이 그 북쪽에 솟아 있고 그 서쪽은 지리산智異山이 100리 밖에 있어 웅장하고 빼어난 산들이 멀리서 병풍을 이루었으며 양천梁川의 물이 북쪽에서 남쪽으로 흘러 구불구불 돌아가면서 이 자리를 옹호하고 있는 것 같았다.

이에 갑신년(2004) 봄에 역사를 시작하여 터를 닦고 자리를 정리하며 재목을 모우고 장인을 불러서 공사를 크게 일으키더니 수십 개월을 지나 역사를 마쳤다. 그 사우祠宇와 당재堂齋의 규모는 예전에 비해 더욱 굉장하지만 그 편액은 모두 예전 이름을 따랐다. 사우 3칸은 숭도사崇道祠이니 달리 내삼문이 있고 강당 6칸은 거경당居敬堂이니 당의 남쪽에 달리 동서재 각 4칸을 지어 동쪽은 한사재閑邪齋이고 서쪽은 존성재存誠齋이다. 또 그 남쪽에 대문 5칸을 지어 집의문集義門이라 하고 문 밖에는 비석 하나가 있는데 바로 노선생이 단성현감을 사직하는 상소문으로 이제 새로 각하여 세운 것이다. 뇌룡정은 노선생의 당일 별업이 남아 있는 곳으로 그 남은 향기가 지금까지 없어지지 않았는데 하천의 범람으로 인하여 장차 숭도사 서쪽에 이건하여 서원과 담장을 연접하게 하고자 하니 또한 훌륭한 일이다.

하루는 김련 씨金煉 氏가 하우河友 유집有楫과 함께 멀리 한양의 서쪽 교외로 나를 찾아와 나에게 서원의 중건 사실을 기록하기를 청하였다. 내 감히 사양하지 못하고 이에 일언으로 고하기를, 서원은 옛날의 학교이다. 태학과 향교 외에 유림이 서원을 사립하여 국가의 교육을 보조한 것이니 고인들이 이를 국상國庠에 비하였다. 그러나 중세 이래로 소위 서원은 그 이름만 있고 그 알맹이는 없어졌으니 현가絃歌의 소리가 끊어진 지 이미 오래 되었다. 또한 지금은 민간의 사립학교가 곳곳에 있으니 어찌 서원을 건립할 필요가 있겠는가! 단지 금일에 서원이 존립하는 의의는 선현을 향사하는 일사에 있다.

매년 춘추로 많은 선비들이 일당에 모여 도포를 입고 큰 띠를 매고서 엄숙히 의식을 행하여 선현의 풍도와 의범을 능히 금일의 세계에 미치도록 하였으니 이것이 어찌 사소한 유익이겠는가! 아! 금일의 세계는 방탕함이 극에 달하여 도의道義가 땅에 떨어지고 이욕利慾이 어지러이 유행한다. 연소한 후배들은 날마다 신기한 것을 쫓아다니면서 예전 법도를 헌신짝처럼 버리니 향당의 장덕長德들이 자나 깨나 우탄하지만 광란狂瀾을 척수로 막기에는 힘이 부족하다. 오늘 날 서원이 고례를 공경히 지키는 것은 참으로 그만둘 수 없는 점이 있다.

자공子貢이 초하루마다 고하는 희생양을 없애고자 하니 공자孔子께서 말씀하시기를 "너는 그 양을 아끼느냐? 나는 그 예를 아낀다"고 하였다. 부자夫子의 이 말씀은 바로 옛 것을 보존하려는 뜻에서 나왔으니 우리들이 깊이 생각하지 않을 수 있겠는가! 하물며 우리 노선생 경의敬義의 학문은 세교를 부지하고 고금을 지탱함에 있어서랴! 후생 소자들 중에 이 서원을 지나가는 이는 집의문을 말미암아 거경당에 들어가 배회하면서 첨앙하면 반드시 장차 엄숙히 옷깃을 가다듬고 한없이 감회가 일어날 것이다. 인하여 선생의 의표를 상상하고 선생의 정신을 체인함이 있다면 이 또한 시세를 바로잡고 풍속을 계도하는 일단이 될 수 있을 것이니 우리들이 거듭 주의하지 않을 수 있겠는가! 이로써 기록한다.

2005년 을유 중추절
대한민국 학술원회원 성균관대학교 명예교수 민족문화추진회 이사장 문학박사
여주驪州 이우성李佑成 근기謹記
해주海州 정문장鄭文丈 근서謹書

남명 조식 선생상南冥曺植先生像

을묘사직소乙卯辭職疏 국역비

경상대학교 남명학연구소에서 번역하고 최석찬이 글씨를 쓰다
원문은 허종선許從善(1563지~1642)의 글씨를 판각한 남명집 을묘사직소를 확대해서 새긴
것이다.

2009년 4월 6일
합천군수 삼가 세우다

　이 상소문은 1555년에 이곳 뇌룡정에서 올린 단성현감 사직상소이다.
우리 역사에서 전무후무할 정도로 과격한 표현을 쓴 이 상소문으로 인
하여 선생은 목숨이 위태롭기도 했지만 역설적으로 이 상소문으로 인하
여 또한 선생의 명성이 세상에 진동하게 되었다.

③

남명교육관

남명교육관
합천군에서 관내의 초중고 학생들에게 인성교육을 하기 위한 공간으로 건립하였다.

④

남명 선생 생가지

남명 선생 생가지
(외가인 인천이씨 댁)
경상남도 기념물 제148호

바다

三叉河 → 정경부인 묘소

남명정신교육관 예정지　　　산해정/신산서원

신산서원 전경

김해편

김해는 남명 선생이 30세부터 30년간 학문을 닦고 처음으로 제자를 가르치기 시작했던 곳이다. 본래 이곳은 처가가 있던 곳인데 어머니를 봉양하기 위하여 와서 살았다.

여기에 강학장소로 산해정을 짓고 자신의 호를 남명이라고 하였는데, 남명은 『장자』에 나오는 구절에서 따온 것이다.

선생이 졸한 후 1578년(선조 12) 산해정 동편에 신산서원을 건립하였으나 임진왜란으로 소실되어 다시 1608년(선조 42) 중건하여 사액서원이 되고 송계 선생을 배향하였다.

처음 신산서원을 창건할 당시의 상황은 배대유가 지은 「신산서원기」에 잘 나타나 있다.

그러나 그 내용 중에 방백 윤근수와 읍재 하진보가 힘을 썼다는 것은 사실이 아니다. 창건 당시의 방백과 읍재는 윤근수와 하진보가 아니었다는 사실이 확인되기 때문이다.

서원은 고종 때 훼철되었다. 그 뒤에 산해정만 복원하였는데, 1999년 영남의 유림이 힘을 모으고 김해시와 경상남도가 재력을 보태어 산해정을 강당으로 하고 동재와 서재를 중건하면서 뒤에 숭도사를 새로 건립하여 신산서원으로서의 규모를 회복하였다.

마을 앞에서부터 신산서원으로 들어가는 길목에 선비의 책상 역할을 하는듯한 작은 산이 있고, 그 산 정상 부근에 정경부인 남평조씨의 묘소가 있다.

산해정

신산서원

① 산해정

산해정과 신산서원 전경
1 숭도사 2 지숙문 3 신산서원 겸 산해정 4 유위재 5 환성재 6 진덕문 7 화장실

    남명 선생은 부친이 돌아가신 후 어머니를 봉양하기 위하여 부유한 처가가 있던 김해로 거주를 옮기고 강학장소로 산해정을 지었다.

    산해정은 '산처럼 높고 바다처럼 넓은 기상을 갖고 싶은' 뜻을 담고 있다.

    산해정에는 선생의 유덕을 능히 짐작하고도 남을 정도의 많은 현판이 걸려 있으며, 현재는 신산서원의 강당 역할을 겸하고 있다.

    뒤편으로 신어산의 우뚝한 자태와 어울려 좋은 경관을 이루고 있다.

신어산 쪽에서 바라 본 산해정과 신산서원

마을 입구 쪽에서 바라 본 정경부인 묘소와 산해정, 신산서원 그리고 신어산

산해정 현판의 글씨는 모정慕亭 배대유裵大維가 썼다.

경상남도 문화재자료 제125호
경상남도 김해시 대동로 269번 안길 115

　산해정은 남명 선생이 30세 때에 모친을 봉양하기 위하여 처가인 김해로 이거하면서 지은 건물이다. 건물의 낙성식에는 전국에서 명망 있는 벗들이 모여들어 '덕성德星이 모였다'는 말이 있었다. 이곳에서 선생은 영남의 명유였던 삼족당 김대유 선생을 비롯하여, 남명선생과 더불어 영남삼고(嶺南三高)로 칭해졌던 송계 신계성 선생과 황강 이희안 선생 등과 깊은 교유를 가졌다. 또한 37세 무렵부터 제자들이 찾아와 남명학을 본격적으로 강론하기 시작한 장소이기도 하다. 선생은 합천으로 돌아가서나 덕산으로 이거한 후에도 종종 이곳 산해정을 찾은 사실을 여러 기록들에서 확인할 수 있다. 동강 김우옹으로 하여금 산해정에 머물면서 학문에 전념하도록 권하기도 했고, 제자 중에는 선생이 산해정을 찾았을 때 입문한 경우도 있다.

산해정은 임진왜란으로 소실된 후 오랫동안 복원하지 못하고, 그 터에 신산서원을 중건하였다. 1818년에 서원 옆에 정자를 지어 산해정이라고 했다가 서원철폐령으로 훼철되었다. 후에 원래의 자리에 산해정을 복원하고 남명 선생의 채례를 드렸으니, 「산해정 남명 선생 춘추 축문」이 그 증거이다.

1999년도에 지역의 유림과 김해시 및 경상남도가 힘을 모아 3년여 간의 대대적인 중수와 중건작업으로 숭도사를 새로 짓고 동·서재와 담장 등의 중수를 마치고 신산서원으로 복원하였다. 따라서 현재 신산서원의 강당이 곧 예전의 산해정이다.

2

신산서원

신산서원 전경

신산서원 경상남도 문화재자료 제125호 / 경남 김해시 대동로 269번 안길 115

숭도사 전경

숭도사

숭도사崇道祠 내부
남명 선생의 위패가 왼쪽, 송계 선생의 위패가 오른쪽이다.

지숙문祗肅門(내삼문)

글씨는 고봉古蓬 최승락崔承洛이 썼다.

환성재喚醒齋

글씨는 고봉古蓬 최승락崔承洛이 썼다.

유위재有爲齋
글씨는 고봉古蓬 최승락崔承洛이 썼다.

진덕문進德門(외문)
글씨는 고봉古蓬 최승락崔承洛이 썼다.

신산서원기

신산서원기新山書院記

  김해金海는 옛날 가락국駕洛國으로 웅장한 명망이 영남에서 으뜸인
데 주부동酒府洞이 제일 상류에 자리하여 경내의 오지陬地였다. 남명 선
생이 드디어 찾아와 정자를 짓고 산해山海라 편액하여 30년 동안 여기
에서 장수藏修하고 함양涵養했으니 대개 우리 동방의 염락濂洛과 운곡
雲谷이다. 지난 무자년(1588)에 고을 사람들이 서원 건립을 청하자 방백
方伯 윤근수尹根壽와 읍재邑宰 하진보河晋寶가 의논하여 정자의 동쪽
기슭 아래에 터를 정하고 정자正字 안희安憙가 그 일을 주관했으나 일이
거의 끝날 무렵 왜구의 병화兵火에 소실되었다. 무신년(1608) 봄에 안군
安君이 황세열黃世烈 허경윤許景胤 두 수재와 더불어 정자의 옛터에다
서원을 건립할 계책을 세우고 선비와 서민들이 협력하여 2년 만에 완공
하였다. 주상이 명하여 신산新山이란 편액을 하사했으니 주위가 모두 산

인데도 반드시 신산新山을 취한 이유는 그 이름이 제일 단아하고 주산主山이기 때문이었다. 내 일찍이 동래東萊를 다스릴 때 원우院宇를 짓는다는 소문을 듣고 찾아갔는데 규모가 굉장하고 자리가 시원하였다. 세 갈래 일곱 곳에 평야와 바다가 있어 웅장하고 뛰어난 경치는 별계別界를 이루었으니 마치 조물주가 장난으로 이를 숨겨놓고 기다린 듯하였다.

아! 선생의 도는 옛 성현을 계승하고 후학을 인도하여 천지의 조화에 동참하고 성쇠의 운수에 유관하다. 저 명구名區가 선생으로 인해 드러난 것도 운수이고 정자를 짓고 원우를 짓는 것도 또한 운수의 소관이다. 살펴보건대, 신산新山과 덕천德川 용암龍岩 세 서원은 선후하여 일어나 동서로 정립鼎立했고 또 백운서원白雲書院이 도성과 인접하여 사방만세四方萬世의 선비들로 하여금 귀의할 곳이 있게 하였으니 저 하늘이 사문斯文을 폐하고자 아니함이 과연 어떠한가! 참으로 이에 거처하는 이들로 하여금 선생의 뜻을 뜻으로 삼고 선생의 학문을 학문으로 삼아 충신 되고 효자 되어 군자유君子儒가 된다면 감응하여 분발하는 도리를 얻게 될 것이다. 만약 혹 경의敬義의 교훈에 어리석고 진수進修의 방법에 어두워 모여서 방탕하기만 하고 제멋대로 세속의 이익만 좇는다면 어찌 단지 자포자기의 근심뿐이겠는가! 참으로 오당吾黨의 수치이니 어찌 두렵지 아니하며 경계하지 않겠는가!

예전에 우리 선조께서는 제일 먼저 선생을 따르면서 밥상을 함께 하여 나물을 씹으며 산해정山海亭에 오래 계셨으나 소자小子는 늦게 태어나 자라서도 문하에 들지 못함을 한스럽게 여겼다. 지난 해 욕되이도 선생 신도비神道碑를 베끼면서 공경히 덕천德川 묘정廟庭을 배알했더니 둘째 아들 차마次磨가 이산립李山立 흘屹이 지은 용암원기龍岩院記를 나에게 보이며 말하기를 "서원에는 반드시 기문이 있어 그 전말을 기록하니 청컨대 신산서원新山書院 기문을 부탁한다."고 하기에 내 멸학蔑學이라 사양했다. 올봄에 또 청하기에 다시 사양했으나 조군曺君이 이내 한양漢陽으로 와서 도圖와 지誌를 보이며 청함이 매우 절실한지라 내 세 번이나 사양함은 너무 각박하다고 여겼다. 인하여 생각건대 선생의 덕은 천연天然을 닮아서 참으로 감히 한 마디도 덧붙일 수 없지만 창건 사실은 내 이미 상세히 알고 있기에 오히려 후인으로 하여금 건립의 시초를 알게 할 수 있으니 드디어 이를 기록한다.

만력萬曆 46년(1618)

시강원侍講院 보덕輔德 배대유裵大維 찬찬撰

남명 선생 연보

1501년 (1세) 연산군 7년, 음력 6월 26일 진시辰時(오전 7시~9시). 경상도 삼가현 三嘉縣 토동兎洞(현 경상남도 합천군 삼가면 외토리)의 외가에서 태어났다. 자字는 건중楗仲, 호號는 남명南冥 또는 산해山海·방장노자方丈老子·방장 산인方丈山人, 본관은 창녕昌寧. 아버지는 승문원承文院 판교判校를 지낸 조언형曹彦亨, 어머니는 인천 이씨仁川李氏이며 충순위忠順衛 이국李菊의 따님이다.

1507년 (7세) 중종 2년. 아버지로부터 글을 배우다. 『시경』, 『서경』 등을 입으로 가르 쳐주니 바로 외워 잊지 않았다.

1509년 (9세) 중종 4년. 병이 들어 위독했으나 이를 걱정하는 어머니를 보고 "하늘 이 사람을 태어나게 한 것이 어찌 우연이겠습니까? 지금 제가 다행히 장부로 태어났으니 하늘이 저에게 부여한 사명이 반드시 있을 것입니다. 어찌 지금 갑자기 요절할까 걱정할 것이 있겠습니까?"라 하여 주위를 놀라게 했다.

1517년 (17세) 중종 12년. 아버지가 단천 군수에 임명되어 임지로 따라가서 5년간 살았다. 이곳에 생활하는 동안 유교경전 뿐만 아니라 주석서 및 제자백가·천 문·지리·의학·수학·병법 등을 두루 공부하였다. 관아에 있는 동안 직접 행정 체계의 불합리성과 아전들의 농간, 백성들의 곤궁함을 직접 목격하였고, 이 기간에 첫사랑도 경험하였다.

1519년 (19세) 중종 14년. 기묘사화己卯士禍가 일어났다. 공부를 하다가 정암靜庵 조광조趙光祖의 부고를 들었다.

1520년 (20세) 중종 15년. 진사·생원 초시와 문과 초시에 급제하였다. 생원·진사 회시會試에는 응하지 않았다.

1521년 (21세) 중종 16년. 부모님의 권유에 따라서 문과 회시에 응시하였으나 합격하지 못하였다. 단천에서 서울로 돌아왔다. 이때부터 깨끗한 그릇에 물을 가득 담아 꿇어앉아 두 손으로 받쳐 들고서 기울어지거나 흔들리지 않은 채로 밤을 새우며 자신의 이웃에 살던 대곡大谷 성운成運과 교유했고, 청송聽松 성수침成守琛과도 교분을 쌓았다.

1522년 (22세) 중종 17년. 남평 조씨南平曺氏 충순위忠順衛 조수曺琇의 딸에게 장가들었다.

1525년 (25세) 중종 20년. 절간에서 공부하다가 『성리대전性理大全』에서 원나라 학자 노재盧齋 허형許衡의 글을 읽고 과거를 위해 하는 공부가 크게 잘못되었음을 깨달았다. 그 길로 집으로 돌아와 육경과 사서 및 송유宋儒들이 남긴 글들을 공부하였다. 공자孔子·주염계周濂溪·정명도程明道·주자朱子의 초상화를 그려 네 폭 병풍을 만들었다. 이 병풍을 자리 곁에 펴두고서 아침마다 우러러 절을 올려 마치 직접 가르침을 받듯이 극진한 정성을 기울였다.

1526년 (26세) 중종 21년. 부친상을 당하였다. 서울에서 영구靈柩를 모시고 고향으로 가서 장례를 치르고 시묘살이를 하였다.

1528년 (28세) 중종 23년. 부친의 삼년상을 마쳤다. 가을에 직접 아버지의 묘갈명墓碣銘을 지었고 성우成遇와 함께 지리산 천왕봉에 올랐다.

1529년 (29세) 중종 24년. 의령宜寧 자굴산闍崛山에 있는 절에 머물며 글을 읽었다.

1530년 (30세) 중종 25년. 어머니를 모시고 김해金海 신어산神魚山 아래로 옮겨 살았다. 별도로 정사精舍를 지어 산해정山海亭이라 이름 붙였다. 대곡 성운·청향당清香堂 이원李源·송계松溪 신계성申季誠·황강黃江 이희안李希顔 등이 내방하여 학문을 강론하였다.

1531년 (31세) 중종 26년. 동고東皐 이준경李浚慶이 보내온『심경心經』뒤에 '이원 길이 선물한『심경』끝에 씀[書李君原吉所贈心經後]'이라는 글을 써 넣었다.

1532년 (32세) 중종 27년. 규암奎菴 송인수宋麟壽가 보내온『대학大學』뒤에 '규암 이 선물한『대학』책갑 안에 씀[書圭菴所贈大學冊依下]'이라는 글을 써 넣 었다. 성우가 보내온『동국사략東國史略』에 발문跋文을 붙였다.

1533년 (33세) 중종 28년. 향시에 응시하여 1등으로 합격하였다.

1536년 (36세) 중종 31년. 첫째 아들 차산次山이 태어났다. 가을, 향시에 응시하여 3등을 하였다. 이 해 서암棲巖 정지린鄭之麟이 와서 배웠다. 남명이 제자를 가르친 것은 이때부터이다.

1538년 (38세) 중종 33년. 회재晦齋 이언적李彦迪과 이림李霖의 천거로 헌릉獻陵 참봉參奉에 임명되었으나 사양하고 나가지 않았다.

1543년 (43세) 중종 38년. 경상감사慶尙監司로 와 있던 이언적이 편지를 보내 만나 자고 했지만 사절했다.

1544년 (44세) 중종 39년. 아들 차산이 병으로 사망하였다.

1545년 (45세) 인종 1년. 10월, 친구 이림·곽순郭珣·성우 등이 을사사화로 죽임을 당했다.

11월, 어머니상을 당하였다.

12월, 어머니 영구를 모시고 삼가로 돌아가 아버지 산소 동쪽 언덕에 장사지 내고 시묘살이를 하였다.

1547년 (47세) 모부인의 묘갈을 세웠다.

1548년 (48세) 명종 3년. 2월, 상복을 벗다. 전생서典牲署 주부主簿에 임명되었으 나 나가지 않았다. 김해에서 삼가현 토동으로 돌아와 계부당鷄伏堂과 뇌룡 정雷龍亭을 지어 거처와 강학의 장소로 삼았다.

1549년 (49세) 명종 4년. 제자들과 감악산紺岳山을 유람하고 포연浦淵을 구경하였다.

1551년 (51세) 명종 6년. 종부시宗簿寺 주부에 임명되었으나 나가지 않았다. 이 해

덕계德溪 오건吳健이 와서 배웠다.

1552년 (52세) 명종 7년. 아들 차석次石이 태어났다.

1553년 (53세) 명종 8년. 벼슬에 나올 것을 권유하는 퇴계退溪의 편지에 답장을 보내 벼슬하러 나가지 못하는 뜻을 밝혔다.

1555년 (55세) 명종 10년. 단성현감丹城縣監에 임명되었으나 나가지 않고 상소하여 국정 전반에 대해서 비판하였다.

1557년 (57세) 명종 12년. 아들 차마次磨가 태어났다. 보은報恩 속리산俗離山으로 대곡 성운을 방문하였다. 이때 보은 현감으로 있던 동주東洲 성제원成悌元을 만나 명년 8월 한가위 때 합천陜川 해인사海印寺에서 만나기로 약속하였다.

1558년 (58세) 명종 13년. 진주목사晉州牧使 김홍金泓, 자형 이공량李公亮, 황강 이희안, 구암龜巖 이정李楨 등과 함께 지리산을 유람하였다. 이 해 8월 15일에 해인사에서 성제원을 만났다.

1559년 (59세) 중종 14년. 조지서造紙署 사지司紙에 임명되었으나 병을 핑계로 나가지 않았다.

5월, 초계草溪로 가서 황강 이희안의 죽음을 조문하고 장례를 감독하였다.

8월, 성주星州로 칠봉七峯 김희삼金希參을 찾아가 며칠 머물며 의리지학義理之學을 강론하였다.

1560년 (60세) 명종 15년. 아들 차정次矴이 태어났다.

1561년 (61세) 명종 16년. 지리산 아래 덕산德山 사륜동絲綸洞으로 옮겼다. 산천재山天齋를 세워 자신과 제자들의 거처와 강학의 장소로 사용하였다.

1562년 (62세) 명종 17년. 밀양密陽으로 가서 친구 송계 신계성의 죽음을 조문하고 묘갈명을 지었다.

1563년 (63세) 명종 18년. 남계서원灘溪書院에 가서 일두一蠹 정여창鄭汝昌의 사당에 참배하고 여러 학생들이 강講하는 것을 들었다. 이때 부친상을 당하여 시묘살이 하고 있는 친구인 갈천葛川 임훈林薰을 찾아가 위로하였다. 동강東岡 김우옹金宇顒이 와서 배웠다. 김우옹은 남명의 외손녀사위가 되었다.

1565년 (65세) 명종 20년. 수우당守宇堂 최영경崔永慶이 서울에서 폐백을 들고 찾아와 가르쳐주기를 청하였다. 성암省庵 김효원金孝元이 찾아와 배우기를 청하였다.

1566년 (66세) 명종 21년. 봄, 한강寒岡 정구鄭逑가 찾아와 집지執贄하였다. 7월, 임금의 전지傳旨가 있었으니 나가지 않자, 8월에 상서원尙瑞院 판관判官으로 다시 부름을 받았다.

10월 3일, 대궐에 나가 숙배肅拜하고 사정전思政殿에서 명종을 만나 이야기를 나누었으나 무슨 일을 함께 해볼 만한 임금이 못 된다고 판단하여 11일에 서울을 떠났다.

1567년 (67세) 선조 즉위년. 11월, 새로 즉위한 임금이 교서敎書를 내려 특별히 불렀으나 상소만 하고 나가지 않았다.

12월, 또다시 불렸지만 사장辭狀만 올리고 나가지 않았다. 이 해 망우당忘憂堂 곽재우郭再祐가 와서 『논어』를 배웠다. 곽재우는 남명의 외손녀사위가 되었다.

1568년 (68세) 선조 1년. 5월, 임금으로부터 전지가 있었으나 상소하여 사양하였다. 이해에 서리망국론을 담은 무진봉사를 올렸다.

7월, 부인 남평조씨曺氏가 세상을 떠났다.

1569년 (69세) 선조 2년. 종친부宗親府 전첨典籤에 임명되었으나 병으로 사양하고 나가지 않았다.

1570년 (70세) 선조 3년. 임금이 다시 벼슬에 나오라고 불렀지만 사양하였다. 벼슬을 계속 사양하여 끝내 나가지 않는데, 이는 남명에게 내린 벼슬이 경륜經綸을 펼칠 수 있는 자리가 아니었기 때문이다.

1571년 (71세) 선조 4년. 4월, 임금이 경상감사慶尙監司를 통해 남명에게 음식을 내

려보냈다. 남명은 상소하여 사례하였다. 12월 21일, 갑자기 등창으로 병을 얻었다.

1572년 (72세) 선조 5년. 1월, 옥계玉溪 노진盧禛·내암 정인홍·동강 김우옹·한강 정구·각재覺齋 하항河沆 등이 찾아와 문병하였다. 이때 자신이 죽은 후 칭호를 처사處士로 하라고 제자들에게 일렀다.

1월에 경상 감사가 남명에게 병이 있다고 임금에게 아뢰어 특별히 서울에서 파견된 전의典醫가 도착하기도 전에 세상을 떠났다. 숨을 거두는 순간까지도 경의敬義의 중요함을 제자들에게 이야기하였고, 경의에 관계된 옛 사람들의 중요한 말을 외웠다. 부고가 조정에 알려지자 선조 임금은 통정대부通政大夫 사간원司諫院 대사간大司諫을 증직贈職하였으며, 부의賻儀를 내리고 예관禮官을 보내 남명의 영전에 치제致祭하였다.

2월 8일, 산천재에서 숨을 거두다.

4월 6일, 산천재 뒷산 임좌壬坐의 언덕에 장사지냈다. 이때 문인이나 친구들이 보내온 만사挽詞와 제문祭文이 수백 편에 달했다.

남명은 권간權奸들의 횡포로 사림이 여러 차례 죽임을 당하여 도학道學이 거의 사라지려는 시대에 태어나 분발 정진하여 유학을 진흥시키고, 후학들을 가르쳐 인도한 공이 크다. 노년에 이르기까지 이러한 정신이 조금도 쇠퇴하지 않았으며, 초야에 묻혀 지내면서도 한시도 국가와 민족을 잊지 않고 학문으로 현실을 구제하려는 생각을 갖고 있었다.

1576년 선조 9년. 유림과 제자들이 덕산德山에 덕산서원德山書院을 건립하여 석채례釋菜禮를 행하였다. 유림들이 삼가三嘉에 회산서원晦山書院을 건립하였다.

1588년 선조 11년. 유림들이 김해에 신산서원新山書院을 건립하였다.

1604년 선조 37년. 『남명선생문집』을 해인사에서 처음 간행하였다.

1609년 광해군 1년. 국가에서 덕천서원德川書院(덕산서원의 바뀐 이름)·용암서원龍

巖書院(회산서원의 바뀐 이름)·신산서원에 사액賜額하였다.

1615년 광해군 7년. 성균관 유생들이 남명의 증직과 증시贈諡를 상소하여, 대광보
국숭록대부大匡輔國崇祿大夫 의정부議政府 영의정領議政 겸 영경연홍문
관예문관춘추관관상감사領經筵弘文館藝文館春秋館觀象監事 세자사世子
師 직직職과 문정文貞이라는 시호를 받았다.

남명에게 문정이라는 시호를 내린 것은 '도덕이 있고 견문이 넓기' 때문에
'문文'이라 하고, '도를 곧게 지켜 흔들림이 없었기' 때문에 '정貞'이라고 한
것이다.

1617년 광해군 9년. 생원生員 하인상河仁尙 등 유림이 연명으로 상소하여 남명을
문묘文廟에 종사從祀할 것을 건의했지만, 받아들여지지 않았다. 이후에도
경상도 유림이 7회, 충청도 유림이 8회, 전라도 유림이 4회, 성균관과 사학
四學 유생들이 12회, 개성부 유림이 1회, 홍문관弘文館에서 1회, 양사兩司
에서 1회 상소했으나 남명의 문묘종사文廟從祀)는 끝내 허락받지 못했다.
『학기유편』을 간행하였다.